Eigentlich wissen wir alle, dass unser Leben viel entspannter, selbstbestimmter und wertvoller sein könnte, wenn wir uns einfach mal das eine oder andere am Arsch vorbeigehen lassen würden.

Dieses Kartenset bietet dir 55 kleine Atempausen, die dir helfen innezuhalten, wenn du dich ausgelaugt und gestresst fühlst.

Du kannst täglich eine Karte ziehen – für einen guten Start in den Tag oder als Abschluss für einen gechillten Abend. Oder du packst das Kartenset in deine Tasche und ziehst eine Karte, wenn dir lästige Kollegen oder anstrengende Angehörige mal wieder das Leben schwer machen und du einfach eine kurze Erholungspause brauchst.

Finde mit lässigen Sprüchen und motivierenden Tagesaufgaben zu mehr Selbstliebe und Gelassenheit, damit du dir Stress und Ärger in Zukunft am Arsch vorbeigehen lassen kannst.

Bibliografische Information der Deutschen Nationalbibliothek
Die Deutsche Nationalbibliothek verzeichnet diese Publikation in der Deutschen Nationalbibliografie. Detaillierte bibliografische Daten sind im Internet über https://dnb.de abrufbar.

Für Fragen und Anregungen
info@m-vg.de

Wichtiger Hinweis
Ausschließlich zum Zweck der besseren Lesbarkeit wurde auf eine genderspezifische Schreibweise sowie eine Mehrfachbezeichnung verzichtet. Alle personenbezogenen Bezeichnungen sind somit geschlechtsneutral zu verstehen.

Originalausgabe, 17. Auflage 2025, © 2020 by mvg Verlag,
ein Imprint der Münchner Verlagsgruppe GmbH
Türkenstraße 89 | 80799 München
Tel.: 089 651285-0

Umschlaggestaltung, Layout & Satz: Laura Osswald
Abbildungen: shutterstock.com
Druck: K-Print OÜ, Estland
Printed in the EU

ISBN Print 978-3-7474-0086-9

Weitere Informationen finden Sie unter
www.mvg-verlag.de | www.m-vg.de

Das Leben könnte so schön sein – gechillt, stressfrei, angenehm. Wäre man nicht immer wieder mit Situationen konfrontiert, in denen man eigentlich »Nein!« sagen müsste, es aber einfach nicht kann. Mit diesem Kartenspiel kannst du jetzt auf spielerische Art dein persönliches »Am Arsch vorbei«-Gefühl entwickeln. In jeder Runde musst du entweder eine chillige Lösung für nervige Alltagssituationen finden, oder du bekommst eine ehrliche Einschätzung deines Gelassenheitslevels von deinen Mitspielern. Und wer gewinnt? Jeder, der sein Leben durch das Spiel ein bisschen gelassener angeht!

Ganz einfach.

NATÜRLICH HAST DU AUCH HEUTE WIEDER
Unmengen an Sachen
ZU ERLEDIGEN: EINKAUFEN, WASCHEN,
DINGSBUMS REPARIEREN UND VIELES MEHR.
ABER SIEH DIR DOCH MAL
dein Bett AN:
SO AUFGEWÜHLT, WIE ES HEUTE AUSSIEHT,
KANNST DU ES AUF KEINEN FALL
allein lassen!

Auch wenn viele
Entscheidungen im Leben
oft nicht besonders leicht
sind, solltest du jetzt schon
wissen, was du dieses Jahr
im Sommerurlaub
am Strand
tragen wirst: nämlich eine
Flasche Rotwein
und außerdem
keinerlei Verantwortung!

»*Groll* mit uns herumtragen ist wie das Greifen nach einem *glühende Stück Kohle* in der Absicht, es nach jemandem zu werfen. Man *verbrennt sich nur selbst* dabei.«

-Buddha-

HINZUFALLEN IST KEINE SCHANDE –

solange man wieder aufsteht!

DER WEG ZU EINEM
entspannteren
LEBEN BEGINNT
oft mit der
SIMPLEN FÄHIGKEIT,
NEIN
ZU SAGEN.

»Denke immer daran, dass es nur eine allerwichtigste Zeit gibt, nämlich: sofort!«

Leo Tolstoi

War es wirklich ein schlechter Tag oder nur ein schlechter Moment, der deine Gedanken für den Rest des Tages vereinnahmt hat?

Einatmen.
AUSATMEN.
Glücklich sein.
DAS REICHT.

»You can't stop the waves, but you can learn to surf.«

Jon Kabat-Zinn

ES DARF *leicht* SEIN!

Tipp für den Umgang mit schwierigen Zeitgenossen:

Wenn jemand streiten will, einfach Kekse essen.

Die schmecken gut und man kann nichts mehr hören.

DU tust GENUG.
DU hast GENUG.
DU bist GENUG.

RELAX!

»Life is what happens to you while you are busy making other plans.«

John Lennon

Auf der
verzweifelten
Suche nach dem
»Warum«
sollte man
öfter die Augen
nach einem
»Schnurzpiepegal«
offen halten.

Wenn du
das liebst,
was du hast,
hast du schon
alles, was
du brauchst!

Lebe voll
Freude.

Lache
jeden Tag.

Liebe
aus tiefstem
Herzen.

Treat
YOURSELF
as
SOMEBODY
you
LOVE.

Egal, wie
überfüllt dein
Kopf gerade ist,
es sollte
immer Platz
für ein paar
Flausen
bleiben!

YOUR
only
LIMIT
is
YOU.

Es ist nicht
das Gewicht
des Rucksacks,
das ihn schwer
macht.

*Es ist die
Art und Weise,
wie man ihn trägt.*

Freiheit
ist die
Fähigkeit,
Erwartungen
anderer
Menschen
abzuschütteln.

Give me coffee to change the things I can and wine to accept the things I can't.

Wenn das
Leben dir mal
wieder nur
Zitronen gibt,
mach doch
einfach
Limoncello
draus!

Warum ist man manchmal so streng mit sich selbst?

Heute gilt:

Kauf die Schuhe.
Iss das Stück Kuchen.
Geh eine Stunde früher in den Feierabend.
Gönn dir was, du hast es verdient!

Manchmal
brauchst du die
Gelassenheit
eines Stuhls:

Der kommt
auch mit
jedem Arsch
klar.

Die vier
WICHTIGSTEN
Worte
im Leben?

*Einen
Scheiß
muss ich!*

Denk daran:
Du musst nicht immer
brav und
lieb sein,
du bist schon erwachsen
und kannst
dir dein Eis
selbst kaufen!

Gibt es in deinem Freundes- und Bekanntenkreis auch notorische Wettkämpfer, die sich permanent mit anderen messen, egal, worum es geht? Das günstigste Smartphone-Schnäppchen reißen, die beste 10-Kilometer-Runde laufen oder das oberschlauste Kind haben? Falls du selbst nicht so bist: Du darfst solche vermeintlichen »Wettbewerbe« dankend ablehnen. Du kannst dein Leben besser genießen, wenn du es nicht dauernd mit anderen vergleichst.

Wer ist dir in deinem privaten Umfeld nicht zu hundert Prozent wohlgesonnen, ein Egoist oder einfach nur dämlich? Willst du mit diesen Menschen eigentlich den Kontakt abbrechen, tust es aber nicht, weil es dich zu viel Überwindung kostet? Heute ist es so weit: Schreib eine Liste mit diesen Personen und streich die »Top 3« aus deinem Leben. Die Menschen in unserem Umfeld haben einen riesigen Einfluss auf uns, also umgib dich mit Leuten, die dich zum Lächeln bringen, und nicht mit solchen, die dich runterziehen!

Gerade in Zeiten von Social Media vergleichen wir uns permanent mit anderen. Insbesondere mit denen, die irgendwie besser sind als wir.

Ab heute drehst du das Ganze einmal um. Überleg dir drei Talente oder Eigenschaften, in denen dir keiner etwas vormachen kann. Wenn du in Zukunft jemanden attraktiver, sportlicher oder erfolgreicher findest als dich selbst, denk einfach an deine drei Superkräfte. Ob die anderen da wohl mithalten können?

Es gibt Tage, da schwirren einem so viele Gedanken durch den Kopf, dass man das Gefühl hat, er müsste explodieren. Wie bei einem Computer, der sich aufgehängt hat: Wenn zu viele unterschiedliche Prozesse gleichzeitig laufen, funktioniert am Ende gar nichts mehr. Überleg dir für solche Tage ein Ruheritual, bei dem du deinen Kopf komplett ausschalten kannst. Sei es, etwas Besonderes zu kochen, deine Balkonpflanzen zu pflegen oder ein Bild zu malen. Liegt der Fokus auf deinen Händen, kann dein Kopf sich erholen.

Wir sind es gewohnt, immer vom worst case auszugehen und jederzeit mit dem Allerschlimmsten zu rechnen. Ganz schön bedrückend.

Geh doch heute einfach mal vom best case aus. Statt mit Stau, rechne heute mit einer grünen Welle bis zum Zielort. Oder statt von einem total stressigen Arbeitstag auszugehen, stell dir vor, dass du in der Mittagspause die Liebe deines Lebens triffst. Fühlt sich doch gleicht besser an, oder?

Hätte, hätte, Herrentoilette. Zerbrichst du dir manchmal den Kopf wegen Entscheidungen aus der Vergangenheit? Weil du vielleicht dein Abitur nicht gemacht oder eine Partnerschaft im Affekt beendet hast? In solchen Momenten hast du zwei Optionen: Entweder du ärgerst dich weiterhin darüber und versaust dir damit den Tag. Oder du hakst die Geschichte ab, schreibst sie auf einen Zettel, suchst dir ein hübsches Blumenbeet – und beerdigst den Gedanken darin für immer.

Im Gespräch mit anderen solltest du der Höflichkeit wegen immer Aufmerksamkeit signalisieren, zum Beispiel durch zustimmendes Nicken oder den passenden Gesichtsausdruck an der richtigen Stelle. Aber Hand aufs Herz: Tatsächlich bist du gedanklich eher beim nächsten Einkauf oder beim Liebesfilm von gestern Abend. Versuch demnächst, deinem Gegenüber wirklich zuzuhören – und wenn du es gar nicht mehr aushältst, beendest du das Gespräch höflich und gehst stattdessen einkaufen. Vielleicht siehst du deine Gesprächspartner plötzlich mit völlig anderen Augen oder du gewinnst Zeit für Dinge, die dir wirklich am Herzen liegen.

Im Kindergarten war alles noch so schön lustig und entspannt. Wer würde dieser Aussage schon widersprechen wollen? Pst, jetzt kommt ein Geheimnis: Kindergarten geht nicht nur bis zur Einschulung, sondern kann jederzeit nach Belieben wiederholt werden. Mach dir also einfach mal deinen eigenen Erwachsenen-Kindergarten: Mal ein Mandala aus, bastle etwas komplett Sinnloses oder leg dich einfach in die Kuschelecke und schlummre ein bisschen vor dich hin.

An manchen Tagen fühlt es sich an, als würde das ganze Leben im Chaos versinken. Gegen dieses Gefühl hilft ein einfacher Trick:

Der große Rauswurf – entrümple deine Bude! Schau dich um und wirf raus, was dir nicht mehr gefällt: die Satinbettwäsche von der Schwiegermutter, der gerahmte Kunstdruck, den du nur hast, weil er dir auf dem Flohmarkt aufgequatscht wurde, und diese lächerlichen Porzellantässchen, die dir unglückseligerweise vererbt wurden. Weg damit, und gleich fühlt sich dein Leben wieder viel übersichtlicher an!

Jeder Mensch sollte einen Ort haben, an dem er sich wohlfühlt und ganz für sich sein kann. Ob es nun die Schaukel im Hof oder das eigene Bett ist, es ist ein Ort, an den du dich immer zurückziehen kannst, um wieder Energie zu tanken und zu entspannen – dein persönlicher Kraftort. Hast du so einen Ort? Wenn ja: Besuch ihn doch gleich mal. Wenn nein: Höchste Zeit, dir einen zuzulegen!

Schreib heute auf, wofür du dankbar bist! Das kann alles sein: bestimmte Menschen in deinem Leben, tolle Erlebnisse oder einfach nur schönes Wetter. Du kannst auch eine ganze Collage anfertigen, auf die alles draufkommt, was dich glücklich macht. Wenn du einmal niedergeschlagen oder gestresst bist, reicht ein Blick auf deine Collage, um dich daran zu erinnern, dass das Leben es gut meint mit dir!

Viel zu oft konfrontiert man sich gedanklich mit To-do-Listen und Dingen, die man bisher noch nicht geschafft hat. Heute erstellst du mal deine persönliche »Done-Liste«: Vergegenwärtige dir, was du in deinem Leben schon alles geschafft und erlebt hast. Gar nicht so kurz, die Liste, oder? Sei stolz auf dich!

Gibt es etwas, das dir als Kind besonders viel Spaß gemacht hat? Eis essen, bis dir schlecht wird, eine bestimmte Zeichentrickserie anschauen oder einfach nur im Garten Gänseblümchen pflücken? Beschenk heute mal dein inneres Kind und tu, was immer es sich wünscht!

Manchmal erscheinen uns Probleme und Sorgen so gravierend, dass wir das Gefühl haben, wir könnten nie wieder sorgenfrei leben. Versuch, dich in solchen Momenten zu erinnern, welche Probleme dich vor genau einem Jahr beschäftigt haben. Wie viele davon beeinträchtigen dein Leben noch immer? Na also.

Gibt es aktuell eine Entscheidung, die dir unglaublich schwerfällt?

Dann stell dir einmal folgende vier Fragen:

1. Welche Option ist mit dem geringsten Aufwand verbunden?
2. Welche Option würden dir deine Eltern/dein Partner raten?
3. Welche Option entspricht den allgemeinen Moralvorstellungen?
4. Welche Entscheidung würde dich glücklich machen?

Und dann entscheide dich für die Antwort auf Frage 4.

Dass der Umgang mit Menschen immer wieder zu Konflikten führt, ist so etwas wie ein Naturgesetz. Und da man leider nicht jeden Tag allein in seinem Bett mit Jogginghose und Netflix verbringen kann, muss man sich solchen Konflikten ab und zu stellen. Meistens will man dann aber keinen großen Streit vom Zaun brechen und versucht, alles runterzuschlucken. Versuch ab heute, stattdessen den Mund aufzumachen und Dinge, die dich stören, direkt gutgelaunt anzusprechen. Das kann eine wahre Erleichterung sein, und du wirst feststellen, dass die Konfrontation gar nicht so schlimm sein wird wie befürchtet.

Warten empfinden die meisten von uns als lästige Zeitverschwendung – ob an der Supermarktschlange, der Bushaltestelle oder vor einer Verabredung mit der immer verspäteten Freundin. Diese Zeit muss aber gar nicht »verschwendet« sein, du kannst sie auch als kleine Erholungspausen betrachten. Beobachte zum Beispiel die Menschen um dich herum und überleg dir, was sie gerade so beschäftigt. Oder schließ einfach die Augen und versuch, alle Geräusche in deiner Umgebung gezielt wahrzunehmen. Um das Leben genießen zu können, braucht es manchmal Momente der Ruhe.

Jeden Tag gehen wir zig Wege zu Fuß. Währenddessen tippen wir ins Handy, essen etwas »to go« oder spielen in Gedanken schon den anstehenden Termin durch. Achte bei deinem nächsten Fußweg einmal ganz bewusst nur auf das Gehen. Wie groß sind deine Schritte? Fühlst du dich wohler, wenn du langsam oder wenn du schnell gehst? Finde deinen persönlichen Rhythmus – das kann im stressigen Alltag eine entspannende Pause sein und wird sich gut anfühlen, versprochen!

Mensch, ärger dich nicht! Beobachte in Zukunft, in welchen Situationen du dich ärgerst. Über dich selbst, über andere, über die allgemeine Lage. Egal, was dich aufregt, mach dir in so einem Moment klar, dass dein Ärger gar nichts bewirkt – außer, dass du dich schlecht fühlst. Zähl also bis zehn, denk an etwas Schönes und lass den Ärger vorbeiziehen.

Ins Kino gehen ist teuer, anstrengend und man muss die Jogginghose gegen eine unbequeme Jeans eintauschen.

Heute machst du dir stattdessen den perfekten Filmeabend – und zwar in deinem gemütlichen Zuhause. Schnapp dir deinen Lieblingsfilm, stell dir passende Snacks bereit und kuschle dich aufs Sofa. Jetzt genieß die Show – ohne Schlangestehen, muffige Kinositze und störende Hinterköpfe.

Musik ist das Tor zur Seele. Erstell dir eine »Happy-Playlist« mit all deinen Lieblingssongs, die du jeden Morgen als guten Start in den Tag anhören kannst – unter der Dusche, beim Kaffeekochen oder auf dem Weg zum Bus. Das steigert die Motivation und macht garantiert gute Laune.

Das Smartphone raubt uns täglich ganz schön viel Zeit und Aufmerksamkeit. Schaff dir deshalb täglich eine Stunde, in der du das Handy komplett ausschaltest. So befreist du deine Gedanken vom ständigen Klingeln und Vibrieren aus nervigen Chatgruppen und belanglosen Apps. Die gewonnene Zeit gehört ab jetzt nur noch dir selbst.

Aus Minus mach Plus! Überleg dir heute einmal, welche Eigenschaften du doof an dir findest, und versuch, deine Marotten oder Schwächen ins Positive zu übersetzen. Aus »Ich fahre immer so schnell aus der Haut« wird »südländisches Temperament«. Aus »ich bin manchmal vergesslich« wird »kann gut Prioritäten setzen«. Nichts im Leben hat nur eine gute oder eine schlechte Seite.

Fast täglich machen einem die unterschiedlichsten Probleme das Leben schwer. Begegnen dir heute Schwierigkeiten, frag dich: Kann ich das Problem lösen? Wenn ja: Tu es. Wenn nein: ... am Arsch vorbei.

Der Alltagstrott kann manchmal sehr ermüdend sein, sodass wir uns irgendwann nur noch auf das konzentrieren, was uns aufregt und stresst. Deshalb: Geh heute durch deinen Tag, als wäre alles neu für dich, und nimm alle Gerüche, Geräusche und Begegnungen bewusst wahr – den Busfahrer, deine Kollegen, den Kaffee am Nachmittag. Das Leben ist schön!

Nimm dir heute fünf Minuten Zeit, um dich einfach nur auf deine Atmung zu konzentrieren:

Atme tief durch die Nase ein und zähle währenddessen im Kopf bis 4. Halt die Luft an und zähl bis 6. Lass die Luft aus deinem Mund herausströmen und zähl dabei bis 8. Du wirst erstaunt sein, wie sehr diese einfache Übung deinen ganzen Körper in kürzester Zeit entspannt.

Hast du dich in der letzten Zeit manchmal geärgert, weil du irgendwas nicht hinbekommen hast? Was? Alles? Gute Nachrichten für dich: Du operierst niemanden am offenen Herzen! (Es sei denn, du tust genau das, dann zieh eine neue Karte.) Hier ein paar Probleme, die nicht auf dein Konto gehen:

1. Unruhen im Nahen Osten
2. Die Präsidentschaft von Donald Trump
3. Genmanipuliertes Gemüse

Dagegen sind deine Missgeschicke doch halb so wild, oder? Entspann dich!

Wie wäre es heute damit, vermeintlich wichtige Tätigkeiten gegen solche einzutauschen, die dir auch in Zukunft wahrscheinlich noch wichtig erscheinen werden? Also einfach mal die Oma besuchen, statt staubzusaugen, Zeit mit dem Kind verbringen, statt aufzuräumen, oder ein Essen zu zweit, statt alleine fernzusehen. Wenn es sich gut anfühlt, kann das nach Belieben wiederholt werden!